P. Suardon, Nathan H. Dole

Friend Fritz = L'amico Fritz

Lyrical Comedy in Three Acts

P. Suardon, Nathan H. Dole

Friend Fritz = L'amico Fritz
Lyrical Comedy in Three Acts

ISBN/EAN: 9783744784108

Printed in Europe, USA, Canada, Australia, Japan

Cover: Foto ©Thomas Meinert / pixelio.de

More available books at **www.hansebooks.com**

G. SCHIRMER'S AND ONLY AUTHORIZED EDITION.
Nọ 341.

Friend Fritz

L'AMICO FRITZ

Lyrical Comedy in Three Acts.

BY

P. SUARDON.

English Version

BY

NATHAN HASKELL DOLE.

Music by

PIETRO MASCAGNI

VOCAL SCORE.   Pr. S 2.00 net.

NEW-YORK

G. SCHIRMER, 35 UNION SQUARE.

Copyright 1891 by G.Schirmer

MILAN,-EDOARDO SONZOGNO.

Dramatis Personae.

Suzel . . .   *Soprano*

Fritz Kobus .   . . . *Tenor*

Beppe, the Gipsy .   .   *Mezzo Soprano*

David, the Rabbi . . *.   . *Baritone*

Hanezò }   . . . .   . *2nd Baritone*
Friends of Fritz
Federico) . . . . . .   *2nd Tenor*

Caterina, Fritz's House Keeper .   . *2nd Soprano*

Chorus of Peasants.
The Scene takes place in Alsace.

Index.

L'Amico Fritz.

(FRIEND FRITZ.)

PRELUDIETTO.

PIETRO MASCAGNI.

Tempo di Valzer moderato.

p

dim. subito.

p con gusto ed armonioso.

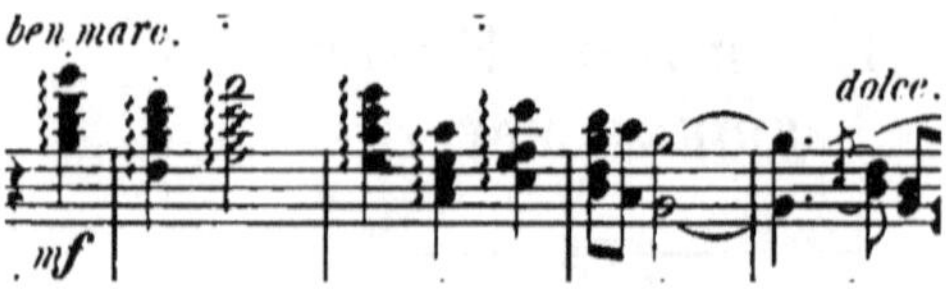

ben marc.
dolce.
mf

co più mosso tranquillo.
molto legato.
pp
più sentito.
un poco meno piano

cresc. ed affrett. un poco.

a tempo.

10139

Act I.

anzo di Fritz Kobus.
ns' Dining Room.

Fritz & David.

Andantino con moto.

p armonioso.

itz.

Ma questa è u-ua paz-
But this is on-ly

a! Vuoi ma - ri - ta - re tut - ti,_ e, per col - mo di_ sven-
ly! You want them all to mar - ry_ And to doub - le my_ mis-

Fritz.

zie s'a - ma-no.____   *rall.*   *a tempo.* Ci pen - s
and deep in love.____   They doubt - l

ro   Ho in   o - dio il   ma - tri - mo - nio.
so_   I   hate c'en the thought of   mar - riage.

Non so che sia l'a - mo - re, e chi s
I do not know what love_ is, And those w

-ra e pian - ge   e si di - spe - ra per le   don - ne.
guish for women with   an-guish Of sighs and des-per - a - tion: *affrett.*

esc. ed incalz. — *rit*

ri - der mi fa.
I   laugh at them.

it. *p* *sempre rall.* *molto rit.*

:it.

Ma chi del mio de - na - ro re-sta ga - ran - te?
But who will answer to me if I ad - vance it?

David.

:it.

Io fir - me - rò per
I will be-come their

Tempo I.

(de
(di

Scrivi.
Sign it.

Gra-zie!   gra-zie!
Thank you! thank you!

Tempo I.

p

Scena II. Hanezò, Caterina, Federico
Scene II.
Allegretto. Federico.

scrit-to. „
on him."

Hanezò.

Evvi - va!
We greet you!

Evvi - va Fritz!
We greet thee,Fritz!

Allegretto.

p
p
m.s.   m.s.

m. s.

(a Fritz.)
(to Fritz.)

Per la tu:
Pray, for thy

m.s. p m.s.

m.s.

id.

Recit.

Deh! ta - ce - te.
Oh! be si - lent,

Bi - so - gna ch'io gli
And let me sign this

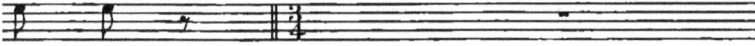

co - gli.
la - tions!

Recit.

p

Deb-bo sbri-ga - re u - no— dei tan-ti im-bro - gli del rab-
I must as-sist the rab - bi — to ov - er - come his lat-est

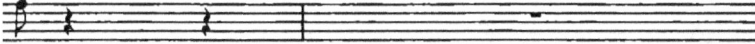

va.
per.

pe-gno io sot-to-scritto di ren-de-re al si-guor Fritz Ko-
un-dersigned takes up-on him And doth engage To pay to Fritz Ko-

Fritz.

Il det-to si-
The said Fritz Ko

mil-le e tre-cen-to li-re al sei per cen-to, quando__
twelve hundred sil-ver li-re At six per cen-tum, When __

Allegretto moderato.

Fritz com-piu-ti a-vrà due se-co-li d'e-tà!
shall have turn'd the page:__ Two hundred years of age!

Fed.

Ah! ah!
Ah! ah!

Dav.

Che di-
What say'st t

Han.

Ah! ah!
Ah! ha!

Allegretto moderato.

13

Èi - nu- ti - le!
'Tis i - dle talk!

Ta vuoi
Thou art

la dav - ver!
one, in - deed!

un poco rit.

cresc. assai.

Recit.

Suvvi - a, scher-za-vo.
For-give me! I jest-ed.

Ecco il de - na-ro.
Here is the money.

ti giuo-co di n.e.
ly trif-!ing with me.

Recit.

))o I.

mio di - let - to Fritz, co - me po - trò ri - com-pen-
! my be - lov - ed Fritz, How in the world can I re-

Fritz. (sorridendo.) (smiling.
Vo-gli-mi sem - pre be - ne!
Hold me in kind — re - membrance!
sar - ti?—
pay thee?
rit.
Caterina.
Allegretto come prima.
Si-gnori, è pron-to.
The feast is read - y.
Fritz.
Andiamo a ta - vo
Remain and dine wit
rall. assai.
Allegretto come prima.
pp
m. s.
p
m. s.
m. s.
Han.
Ed an-cor Bep - pe non ven - ne?
But tell me! where lin-gers Bep - pe?
3
f

ler. a David (che si dispone ad uscire.)
to David (who is preparing to leave the room.)

E tu che fa - i?
vid. Where art thou go - ing?

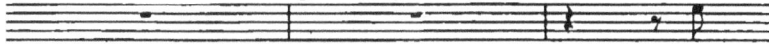

Ver -
I'm

p *m. s. cresc.*

m. s. r

(Si mettono a tavola, meno David.)
(All but David seat themselves at table.)
z.
Fritz helping his friends to soup.

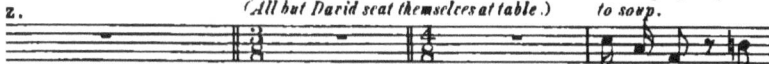

Lascia-lo! In
Let him go! With

per fare unbrin - di-si.
ng back to drink a health.

f *ff*

- pi-ti sa - ran gli spo-si; se tar-da, pos-so - no d'an-sia mo -
s a-glow! The pair are waiting, If he de-lay'd they might per-ish of

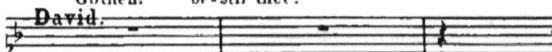

Gothen! be-stir thee!

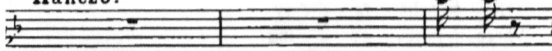

Hanezò.

poco meno.

Cor- ra!
Has- ten!

D'amor do   -   vre - te voi pur
In you the   an - guish of love

poco cresc.

(rivedendo David, a traverso la finestra.)
(catching a glimpse of David through the window.)

spo - sa___ non bai per me?___ (dalla finestra.)
al - so___ a wife to - day?___ (*from the window.*)

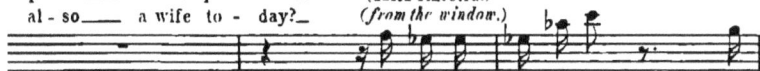

O Fritz, ram - men - ta - lo!   tu
O Fritz, mark what I say!   Thou

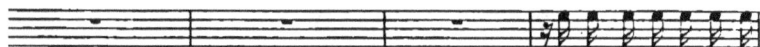

meno f

Ma tu non sai la mia di-
Wilt thou not kindly name the

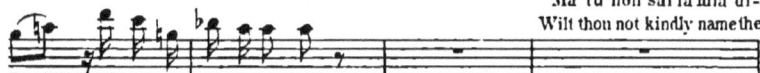

pur___   sa - rai ma - rito un giorno!
vet___   wilt wed! It will befall so!

Tempo I. Allegretto.

Oh! che bel matto!
He's far too clever!

Han. (alzando il bicchiere.)
(raising his wine-cup.)

Vi - ver tu pos - sa —
May joy for ev - er —

m.s.

Feder. *(raising his wine-cup.)*

Sa - lu - te ai ce - li - bi
Salu - ta - tions! To bach - e - lors

do!
low!

ff

zel, la fi-gliuola del fat-tor   vi vor-reb-be sa-lu - ta-re, ha dei fio - ri per
zel, The young maiden from the farm. She would like to give you greeting, And she brings you some

Scena III. Suzel e i precedenti.

Scene III. Suzel and the same.

ha un piccolo bouquet di viole in mano e
s'appressa alla tavola tutta vergognosa.

Suzel. *(Who has a small bouquet of violets in her
hand, advancing to the table with her eyes
modestly cast down.)*

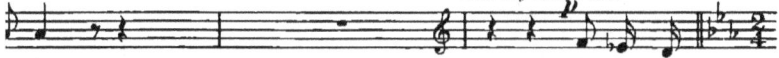

o - i.   Son po - chi
owers.   I bring you

'ritz.

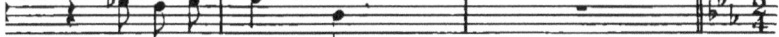

Fa-tela_en - tra - re.
Ask her to   en - ter.

20

Andante.

fio - rí, po - ve - re vi - o - le, son l'a -
blos - soms, violets bend - ing low - ly The breath

un poco rubato.

dal pro - fc - mo gen - ti - le;
Dew - y per - fume a - wakes them;

rall. *un*

che le ho ra - pi - te al so - le se
for you I culled them sole - ly.

ppp

rall. e dim.

ro - le le u - dre - ste mor - mo - rar:
tru - ly Thus you would hear them sigh:

col canto.

p

10139

e sostenuto.

siа - mo   fi - glie   ti - de̲e pu -
are__ the daugh - ters   Coy   and un - as -

un poco rubando.   *rall.*

che di pri - ma - ve - ra, sia-mo le vostre̲a - mi - che;   mor-
ing of Spring-time dear - est, For you we die in bloom-ing;   We

rall.

- mo que - sta se - ra, e sa - re - - mo fe-
your friends sin - cer - est, And our hearts are full of

- ci di di - re̲a vo - i, che̲a - ma - te gl'in - fe -
- ness That we may tell you Who love those bowed with

li - ci: il ciel vi pos-sa dar tut-to quel be - ne
sad - ness: May heav'n un - to you bring crowning of hon - or,

f a tempo.   *rall. col can*

rall.   **Tempo I.**

che si può spe - rar! „Ed il mio cor ag-giun-ge u-n
worth - y of a king! Al-so a word my heart brings mode

ırgamente.

sentito.

Deh! vo - glia - te gra - dir quan - to vi pos - so of -
Ah! I beg you to take This hum - ble gift I

calando rit.

i occhi bassi offre il bouquet a Fritz.)
yes cast down she offers the bouquet to) **Fritz.** (sorridendo l'odora.)
(smiling, as he inhales the fragrance.)

a tempo.

frir! Tu sei mol - to gen - til!
make! Ah! how thought-ful thou art!

dolciss.

tempo.

Dei fio - ri tuoi l'o - lez - zo mi - te giun - ge ca - ro a me.
The flow'rs thy hands pro - vide me fill with fragrance sweet my heart!

Gra - to ti so - no Or -
Thank thee, dear maid - en! And

(Suzel esi
(*Suzel he*

sù,   vic-ni   tra   uo-i,   al   fian-co   mi-o.
now,   come to   the   ta-ble   Here right   be - side   me.

mf

p Le

Suzel. (timidamente)
(*timidly*)

Tempo I.

Oh   uo!
Oh   no!

Ti   ver-go-gni?   E   di   che?   Bam-bi-
Art   thou bash-ful?   Be   not   so!   The   sweet

.Tempo I.

p

(siede.)
(*sits.*)

Han. *sotto voce.*

sotto voce.
Feder.

Han. *sempre sott*

Com'è ca-ri-na!   Quanto can-dor!   Dei campi è
She is a neat one!   How pure and fair!   A prai-ri

te con moto.

E bab-bo co-me va, po-ve - ro vec - chio?
And is thy fa-ther well? thy poor old fa - ther?

!

te con moto.

f string.

l. Recit.

Bab-bo sta be - ne; e - gli, pe - rò, v'a - spet - ta.
Fa - ther is well, Sir, But he a - waits your com - ing!

Fritz.

(

Recit.

lar
f ten.

Tut-to si al - lie -
O 'tis de - light

cam pi?
look - ing?

f e string.
rall.
f la

meno sosten.

do - re, l'aria è dolce e sot - ti - le, il pra
splen-dor, The air is soft and ten - der, The fiel

cresc. assai.
p subito.

Tempo I.
Fritz.

Su-zel, be - vi. Ver-rò fra po - chi dì. Be
Wilt thou drink, dear? To come I shall not wait! Drin

animando sempre.

f Tempo I.
f string.

o giusto.
Ec-co,
Rabbi,
Sei qui, vecchio rabbi-no!
Art back? ex-cellent rab-bi!
(entrando)
(enters)
Han.
Vi sa-lu-to!
Give you greeting!
Giungi in buon pun-to.
Joy crowns our meeting!
o giusto.
(David siede e beve)
(David sits and drinks)

Recit. Andante.

fa?
now!

David. (a Suzel)
(to Suzel)

Tu pur, bim - ba, sei qua? Co - me la bric
Ah! lit - tle maid is't thou? How the young spri

Recit. Andante.

p

cel - la s'è fat - ta gran-de e bel - la!
grow - ing! And how in beau - ty she's glow-ing! (Violino solo sulla scena)
(*From the terrace are hea*
sweet notes of a violin
a piacere.

f

Fritz.

Lo zin - ga - ro! ____
Our gyp - sy friend! __

Han.

Chi mai sa - rà?
Who may that be?

f

que-sti è Bep - pe.
That is Bep - pe.

U -dite il vi - o - li - no.
The vi - o - lin, O hear it!

calando rit. | rall. |
con espress. | | con abbandono.

Fritz. (guardando Suzel) (looking at Suzel)

stent. precipitate.

Per-chè piangi,
Thou art weeping,
doloroso.

cresc | dim. | poco sf poco sf poco sf
| | poco rall.

Suzel. (timidamente) (timidly)

Mi commuo-ve la mu-si-ca___ scu-sa-te-mi___
Oh, the mu-sic it touch-es me,___ For-give me pray!___

chè?
why?

sotto

sentito.

che?
I___

Se commuo-ve_anche me!
I am stirred the same way!

delicato. | rall. | f

Oh, quant'è bel - la!
Oh, 'tis de - light - ful!

rall.   dolce.

io!   Ta - ci!   Che dol - ci   no - te!
nt! speak not!   What mu - sic this is!

Pu - io - no
It sounds like

assai *f*   *stent.*   *f con molto anima.*   *ff con molto anima.*

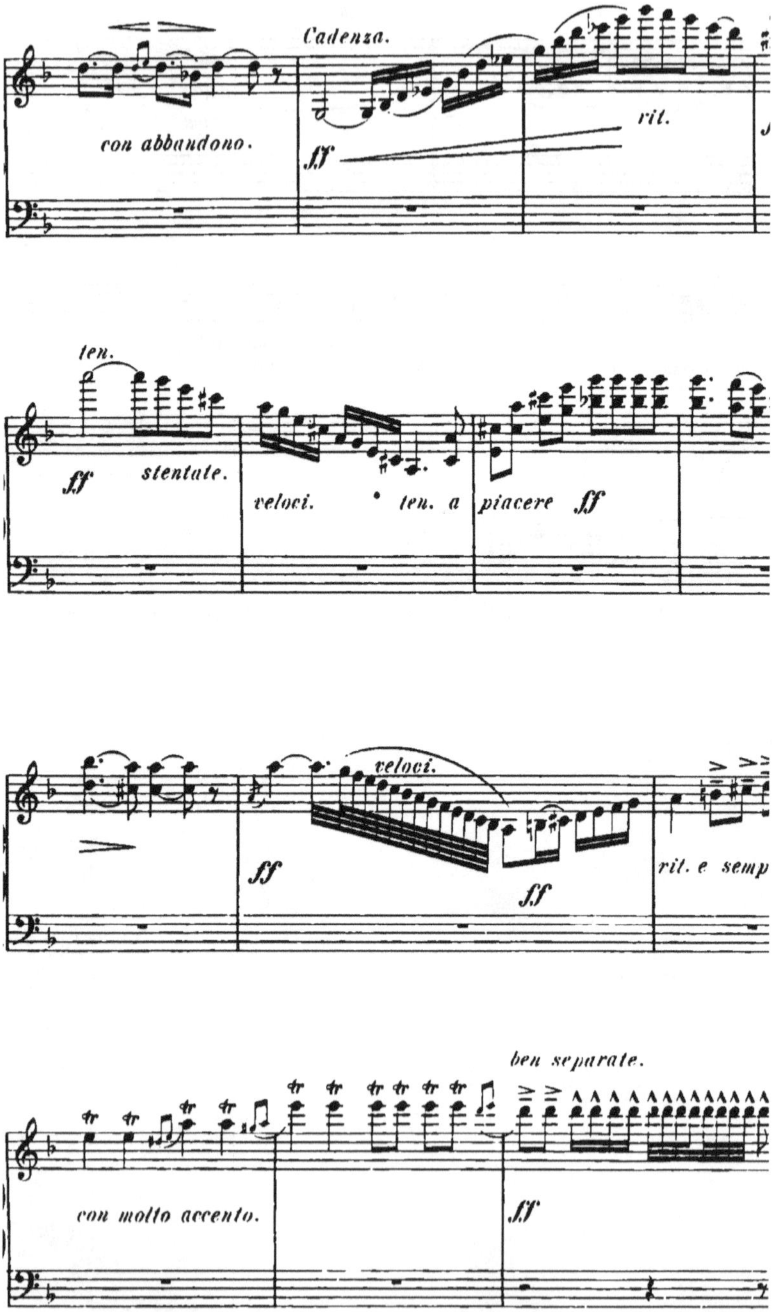
Cadenza.
con abbandono.
ff
rit.
ten.
ff
stentate.
veloci.
ten. a
piacere
ff
veloci.
ff
ff
rit. e semp
ben separate.
con molto accento.
ff

Moderato.

Sa - lu - te a - mi - co Fritz!
him.) Good morn - ing, dear friend Fritz!

Ah! n'e - ro cer - to
I could not ques - tion

Moderato.

mf

A - mi - co, a - vrei sof - fer - to di non far - ti per
Be - lieve me, The loss would grieve me should this day Pass a -

Beppe (imposta il violino all' uso zingaresco. e dati alcuni accordi, canta.)
(takes his violin in the Gypsy way, and after striking a few chords, sings:—)

Allegro moderato.

con energia.

Andante sostenuto.
Beppe.

La - ce - ri, mi - se - ri, tan-
Tat - ter'd and wretch-ed did lit - t

rit. *a tempo.*

p

Più mosso.

bi - ni lan - guia - no qua.
lan - guish, Chil - dren of woe.

Più mosso.

a tempo.

Più mos

sen - za la mam-ma quei po-ve - ri - ni fa-ceau pie - tà.
Moth - er-less, hopeless, dwell-ing in anguish; your tears would flow!

a tempo.

mantenendo lo stesso tempo.

E - ra u - no   stra - - zio!
Oh! it was griev - - ous!

mantenendo lo stesso tempo. f

p

Quando, a - mo - ro - so, per es - si   strin - ger - si   un   cor sen -
Then   a de - fend - er, Read - y to   min - is - ter, gave them his

p   cresc.

rit.   *a tempo.*

Fu il no - stro a - mi - co quel   ge - ne -
He whom we   love, with heart ev - er

Tempo I.

Fritz.

La vuoi fi-nir?!
Will you have done!

Federico.

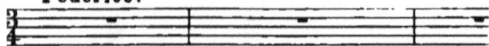

David.

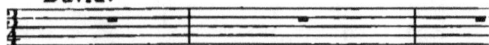

Hanezò.

Tempo I.

Oh! can-ta!
Con-tin-ue!

ndante sostenuto come prima.

Beppe.

Pre - so dal tur - bi - ne d'u - na bu -
Caught by the hur - ri-cane's fu - ri - ous

_p_

: - ra, per si il cam - min.
ɔ - ger Far did I stray.

to-so un braccio   va - li-do mi sol-le - vò! _____   Fu il nos
fend-er,Strong as a li - on,his lov-ing aid gave!_____   He who

f   *ff rit.*

a tempo.   *rall.* *sostenuto.*

mi - co quel ge - ne - ro - so, che mi sal - vò, che mi sal - vò
love,with heart warm and ten-der,Sav'd from the grave, sav'd from the grav

calando e rall. *sostenuto.*

o I.

𝄽ro.
·itz.

Moderato.

D'es - ser sì
Sure - ly my

ederico.

Ev - vi - va! Bra - vo!
We praise you! Bra - vo!

avid.

Vi - va lo zin - ga - ro.
Hail, the Bo - he - mi - an! Bra - vo!

Bra - vo!

enezò.

Ev - vi - va! Bra - vo!
We praise you! Bra - vo!

Moderato.

𝄽ro.

ff

40

Suzel.

Caterina.

Su-zel, fermo alla porta è il biroc - ci - no.
Su-zel, the wagon from the farm is com-ing.

Fritz.

gran - de io non pen - sa - vo.
great - ness ought to a-maze you!

mf

p *subito.*

sì! ch'è tar - di.
yes! Time pass - es!

Vuoi la-sciar-ci già?
Must thou now de - part?

p

p e legato.

Fritz.

Il babbo at-ten - de. Va, cara pic - ci - na. Pres-to
My fa-ther waits me. Then go little maid - en. Soon I

10139

Suzel.

Gra - zie! vi ser-vi - rò.
Thank you! I'll do your will.

Sa - lu - ta - lo per me.
and give him my re - gards!

Ringra - zio
My heart - y

p

Andante sostenuto.

oi va-ghis- si- mi fior.
or the beau-ti- ful flow'rs.

Hanezò.

42

Recit.

David.

A me su - surra il co - re: bi - so - gna fa
My heart makes sweet pre - dic - tion: The lit - tle ma

su - bi - to la più va - ga, spo - si - na di tut - ta Al - sa -
ere we know, Will be chos - en in mar - riage! Love - li - est bride

Fritz.

Ma Su-zel è bam - bi - na.
My Su-zel you dis - parage!

a.
round!

Pre - sto, vi giu - ro, io la ma - i
My word I give you. Her mate shall s

10139

).
ᵇz.

e paz-zo!   Va alla ma -
ıt fic-tion!   Go to per-

Io   so quel che mi   fò!
You'll   see my work a - bound!

:zò.

Oh! tu va - neg- gi!
Oh! thou art dreaming!

tu,   le tuc fem-mi-ne   e chi le a - do   -   ra!
hou, and thy women all!   curse thy am - bi   -   tion!

Federico.

Rab - bin, questa è per
She's mean'. Rab - bi, for

Rab - bin, questa è per
She's meant, Rab - bi, for

ᵒluto.

Allegro giusto.

te!
you!

(irritato.)

David. (*Standing up, furiously indignant.*)

Molto rit.

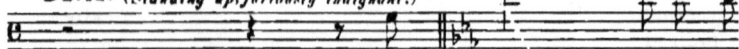

Per   voi, _____ ghiot - to
You   i -   - dle, goo

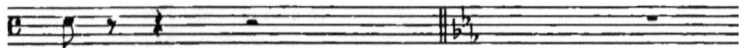

te!
you!

Allegro giusto.

Molto rit.

- ful fruit,　　Fire　shall　re-duce　　to　　em　-　bers!

ostenuto.

pre - fe - ri-see al　　vi - ve - re　ran - da-gio e　senza a -
e　　who, in-stead of　　i - dle lives, where - in　love　has　no

mor   u - na fa - mi - glia,__ un pla - ci
part   choose home en - joy - ments,__ A qui - et

ni - do che al - lie - ti il   cor,   vi   de - ve
treat that de - lights the   heart   might well treat

zar,   de - ve chia - mar - vi pian - te da bi
ire,   Judging you fit to cast up - on th

ff col canto.

Allegro giusto.

Beppe.

ciar!   Il suo sermone è   splen - di - do!
fire!   His sermon is a   splendid one!

10139

Oh, gri - da,
Oh, shout it!

Ma pre - di - ca al de - - ser - to!
But to the deaf he preach-es!

ar - rab - - bia - ti!
Vent all your rage!

- pu - re io ne son cer - to, noi pre-sto ac-com - pa -
thought to cer-tain-ty reach-es:— We soon with thee shall

Al - l'al-ta - - re?
To the al - - tar?

Beppe.
Oh! che bel mat-to!
The cra-zy fel-low
ti? Lo af-fer-mo e ci scom-met-to.
thou? I swear it! a bet I of-fer.
Hanezò.
Fritz.
La tua scom-mes-sa ac-cet-to: giuo-co la-vi
Thy wa-ger I ac-cept! My vineyard at Cle
-li-do!
— is fine!
mi-a di Clairfon-tai-ne.
taine I glad-ly will proffer.
Sta ben!
'Tis well!
David.
Ad u-fo be-ve-rò. Va-da!
The pledge I'll drink in wine! Scoffer!

suono di una fanfaretta che viene da lontano.)
d of a fanfare of trumpets is heard in the distance.)

di Marcia Moderato.

Son gli or - fa - nel - li!
Here come the or - phans!

Por - ta - no_a te, be - ne - fat - tor,
Un - to their ben - e - fac - tor they

cresc.

(Beppe, Federico e Hanezò
corrono alla finestra.)
*(Beppe, Federico & Hanezò
run to the window.)*

il sa - lu - to del cor.
Bring warm greetings to - day.

Oh, quan - ta   gen - te!
Oh, what   an   ar -   - my!

Beppe.

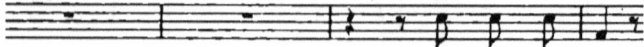

Ven - go - no in qua.
Hith - er   they throng!

Oh!   co - me   mar - cia - no!
They march so   gal - lant - ly!

Guar-da - li   là!
Mu - sic and   song!

Un poco maestoso.
(a Beppe.)
(to Beppe.)
Hanezò.

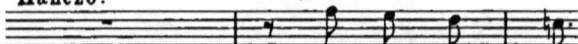

Son tuoi di - - sce
Have you been   train

(che batte il tempo con le mani.)
:ppc.(*Beating time with his hands.*)

Oh! vie - ni, Fritz,
Oh, come and see!

Vie - ni a ve - der!
Fritz,come and see!

ederico.

È u - no spet - ta - co - lo che fa pia - cer.
It is a sight That gives de - light to me!

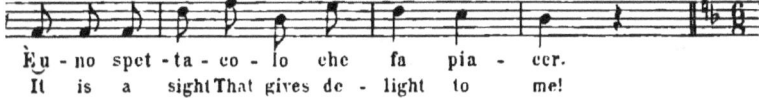

apo I.
(battendo sulla spalla di David.)
z. (*Slapping David on the shoulder.*)

(poi agli altri.)
(*Then to the others.*)

I fi - gli miei sa - ran - no quel-li o - gnor!
My chil-dren these shall be, Un - to the end!

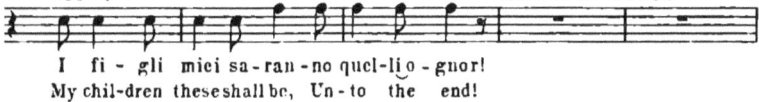

apo I.

(*They go to the window.*)
(vanno alla finestra.)

An - dia - mo a - mi - ci, i bim - bi a sa - lu - tar!
Now com - rades come. Let us greet my or - phans there.

David.

cresc.

Ep - pu - re͜o   stol -
Oh, fool - ish   man!

SOPRANI.

C'ALTI.   RAGAZZI.(1)
          BOYS. (1)

TENORI.

BASSI.

Coro Interno.

ti,   vi   ve - drò ca - scar!___
fail - ure   will   be   thy   share!___

Sa - lu - te͜a
All hail   to

Fritz!   Sa - lu - te͜a   Fritz!
Fritz!   All hail   to   Fritz!

Sa - lu - te͜a
All hail   to

cresc.

ff

(1) La parte dei ragazzi può essere cantata anche da Contralti donne.
(1) The boys' part may be sung also by women's voices contralto.

10139

Sa - lu - te a   Fritz!_____
All   hail   to   Fritz!_____

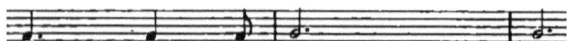

Vi - -va il be - ne - - - - fat -
We greet our good kind

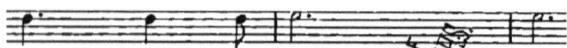

Vi - -va il be - ne - - fat -
We greet our good kind

m. s.

Più mosso.

tor!_____ Sa - lu - te a
friend._____ All hail to

tor!_____ Sa - lu - te a
friend._____ All hail to

Più mosso.

string. assai.

vi -   - va!____   vi -   -
we   greet,____   we

string. assai.

vi -   - va!____   vi -   -
we   greet,____   we

Stretto.

tor!
friend.

Stretto.

tor!
friend.

Stretto.

strettissimo.

Fine

Il tema di questa marcia è tolto dalla canzone popolare alsaziana: *I bin lusti.*
The theme of this March is taken from the popular Alsatian Song: i bin lusti. ("I am happ)

Act II.

Mésanges.
at Mésanges.

Coro Interno.
Internal Chorus.

ndantino con moto.

Suzel.

Ah,
Ah,

rall. assai.

Stamat - ti - na, ap - pe -
I will give them this morn

sce - so,
ris - es.

cresc. ed affrett.

sf a tempo.
p

no già ma - tu - re._____
ey are al - read - y. _____

a tempo.

resc.

Oboe sul palcoscenico.
Oboe on the stage.

legatissimo e dolce.

p 1. Da lontano e avvicinandosi sempre.
1. In the distance, and approaching nearer and nearer.

ben sentito.

è tolto integralmente dalla canzone popolare Alsaziana: *Es trug das Mädelein.*
taken unchanged from the popular Alsatian Song: „Es trug das Mädelein."

Chi   l'a - mor suo non sep - pe con - ser
They, who their love are help - less to re -

Chi   l'a - mor suo non sep - pe con - ser
They, who their love are help - less to re -

ancora meno.

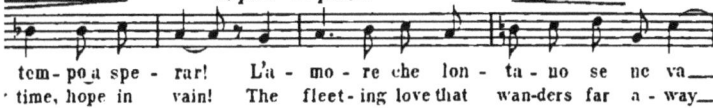

un poco di pausa.

tem - po a spe - rar!   L'a - mo - re che lon - ta - no se ne va___
time, hope in   vain!   The   fleet - ing love that   wan-ders far   a - way___

tem - po a spe - rar!   L'a - mo - re che lon - ta - no se ne va___
time, hope in   vain!   The   fleet - ing love that   wan-ders far   a - way___

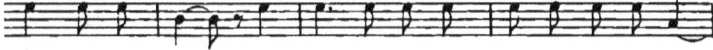

3

I con - ta - di - ni so-no an-da - ti al -
Off to the fields the peasants now are

poco rall.

più non tor - ne - rà! ___
turns no more for   aye! ___

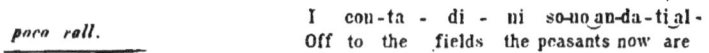

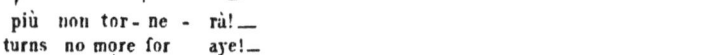

più non tor - ne - rà! ___
turns no more for   aye! ___

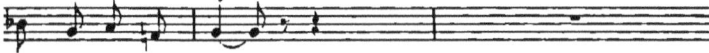

ben sentito.

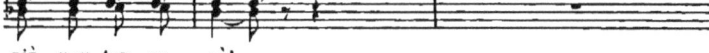

p

pp

alquanto più mosso.

l'o - pre, e - ra tem-po: og - gi deb-bo -
go - ing, Work is wait-ing: They to - day must

legato.

alquanto più mosso.

glia - re l'or - zo ma - tu - ro nel-la pra - te - ri
bar - ley, read - y for mow - ing, In the mead - ows yo

(lontanissimo.)
(very far away.) Meno.

(Donne sole.)
(Female voices only.)
CONT.)

L'a - mo - re che lon - ta - no se ne va___
The fleet - ing love that wanders far a - way___

L'a - mo - re che lon - ta - no se ne va___
The fleet - ing love that wanders far a - way___

Meno.

ppp

non tor - ne - rà! ___
no more for aye! ___

non tor - ne - rà! ___
no more for aye! ___

Scena II. Suzel, poi Fritz.
Scene II. Suzel, then Fritz.

Più lento. Suzel.

dro-ne fra po-co sa-rà de-sto; vo-glio per lui comporre u
mas-ter from slumber will be wak-ing; I will for him a pret-ty

Più mosso.

li - no.
gath - er.

:0.

ca - va - lier, che vai per la fo - re - sta
cav - a - lier, Who through the wild - wood rid - est,

poco rall.

vo - le - te da me, ca - ra fi - gliuo - la?
,what wilt thou of me, dear - est of daught-ers?

affrett.

poco rall.

mf

to Rit.

70

Tempo I. sostenuto.

Suzel.

Bel   ca - va - lie - re,   dal - la fac - cia   me -
Sir   cav - a - lier,_____   Who deep sor - row hid -

poco rall.

co - glie - te   fio - ri,   al - le - gra bo - sca - juo - la!
gay for - est   maid - en, cull flow'rs by running wa - ters!

affrett.

poco rall.

mf

Allegretto Rit.

m.s.

p

10139

re, ti da - rò u - na ro - sa_

these rose - buds pray wilt thou share them?

Sir cav-a-lier, Thy wife will like to wear them: Sweet

p

rall.   (entra Fritz.)
                                                          (enter Fritz.)   Fritz. *p*

gra - zie: la spo-sa non l'ho! ____   Su-z
thank thee! un-wed-ded I sigh! ____   Su-z

rall.   *col canto.*   *affrett.*

p

Suzel.

Che di - te ma
Good Sir, what mea

di. D'un ga-io ro-si-gnuo-lo la vo-ce mi sve - gliò.
morn. A joc-und night-in-gale woke me from a pleasant dream.

p

p dolce.   *rall.*

poco rall.   Oh, signor Fritz, can-to co - sì co-me mi vien dal
                    Oh, signor Fritz, I on-ly sing as from my heart it

pia-ce co-me can - ti.
way you sing de-lights me!

col canto.

col canto.

10139

Fritz.

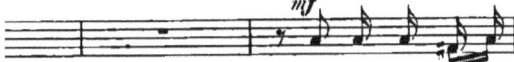

Quei fio - ri son per
And are those for___

crese.

- ti Ed ol-trej fio - ri ho pron-ta_u - na sor-
·d them. And then, besides them a sweet sur-prise a -

ravvivando.

3

Suzel. *p*

na pri - mi - zia cer - to. Le ci - lie -
of the har - vest sure - ly! It is cher -

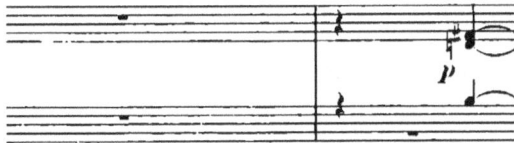

p

rall. assai.

p

ge! e son di già ma - tu - re?
ries! And are they ripe al - read - y?

rall. assai.

74

Andante sostenuto.

Suzel. *p dolciss. con molto semplicità.*

Han del - la por-po-ra vi-vo il co--lo - re, son dol- ci e te - ne-
Rich with their pur-ple hue, splendid-ly glow-ing, Red - ripe and sweet are t

p un poco sentito.

Fritz. (da sè, guardandola.)
(aside, gazing at her.)

dolciss.

Di pri-ma - ve - ra so-miglia a un fio - re fra-gran-te e ro - se - o.
She, like a flower of spring-time, is grow-ing fra-grant with beau-ty rare

Suzel. *Passing through the orchard gate, appears on the top of a ladder on the other side of the and begins to pick the cherries.*

Son pronta a co-glierne un mazzo-li - no, deb-bo get - tar - ve - le?
Here's for the cherries! I'm read-y to show them! shall I now let them fall

Fritz.

Get-ta-le su - bi - to, bell'au-gel-li - no, le sa-prò pren-de - re.
Gay lit-tle bird, up there, care-ful-ly throw them, I'm here to catch them all.

z. **p**

Fres-che scin - til - la - no, di bri-na au-
Oh! what a glow they have! Dew-drops a -

a tempo.
p

- ri - de.   Ma__   è   da   quel-
- monds bright!   Can   this   be   the

legatiss.

mf   *sostenuto.*

p

Sì,   da quel-
Yes,   'tis the

rall.

- ro - ra, pi-spiglia jl pas - se-ro?
morn - ing carolled his loud de-light?

rall.

rall.   *dim.*

l'al - be - ro.
ver - y tree.

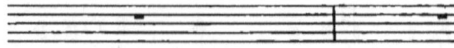

Tempo I.
tr
marc.
molto.
mf

ch'e - gli di - ce
was he tell - ing?

m.d.
m.s.
m. s.

Suzel.   *pp rall.*

Io lo
I have

sai com - pren - de - re?
me the words to know!

ι-mi flo-ri-di ha i suoi pic-ci-ni_ Lic-ti l'a-spet-ta-no;
ones, high on the top-most twig sway-ing, Joy-ous a-wait their turn,

u sentito ma dolce.

ṣi-li scherza-no dei bian-co-spi-ni tra i fio-ri can-di-di.
ṇe bright blossoms of white thorn they're playing Care-less, with-out concern.

re cresc. ed incalz.

Sem - bra che
Yes, in clear

me ne in-ter-pre-ti be-ne il lin-guag-gio!
hou trans-la-test their beau-ti-ful stor-y!

par - li - no___ Sem - bra sa - lu - ti - no coi fio
words they speak, Seem - ing to her - ald with their son

f   *f*

rit.   *rit.*   *a tempo.*

il rag-gio del-l'au - ro - - ra!
the glo-ry of the ris - ing morn.

a tempo.

rit.

col canto.   *mf*

Fritz.   *mf*

Sem - bra   sa - lu - ti - no   coi   fio-ri jl
Seem - ing   to   her - ald   with   car - ols   the

- ne jl   lin - guag-gio,   co - me   ne jn - ter - pre - ti   be -
thou   trans - lat - est, well   thou   trans - lat - est   their   beau -

rall.

s.   *m. d.*   *p*   *calando.*

a tempo.

gio   del - l'au - ro - ra!_____
ry   of__ the   rising   morn!_____

il   lin - guag - gio!_____
- ti - ful   sto - ry!_____

a tempo.

p

ril.   *rall.*

Fritz. *(Alone on the stage.)*

Andante amoroso sostenuto.

pp

Tut - to   ta - ce,__   ep - pnr tut-to al cor   mi
All   is   sound - less, And   yet   all   my heart   ad -

par-la; que sta pa - ce, fuor di qui, do - ve tro - var-la?
dresses; Peace, so boundless, No-where else my spir _ it blesses!

bel - -la, o_____ sta-gion pri-ma - ve - ri - le!
fair - -est, Oh_____ im - mor-tal Springtime, fair - est!

cresc. un poco. ===== *sf*

Suzel. *(Appearing from the orchard*
pp a tempo.

Qua-le in-can - to
What a glad - nes

vel - la fio - ri e amor il dol-ce a - pri - le!___
flow'rs and love, bright May, to each thou bear - est!___

p rit.

a tempo.
pp

full of cherries.) *rall.* *sempre p* *Poco più mosso.* *sempre p* ___

sve - glio d'o - gni fio - re! Ri - so,o pianto, ___ tut-to è pal - p
blossoms all a - wak-en! Joy and sad-ness, ___ all things by Lov

rall. *a tempo.* *Poco più mosso.*

pp *pp*

pp

-re!_____ Tutto il pra - to d'un tap-pe - to s'è smal -
-en! Field and mountain clothe themselves in verdure

82

10139

oco più.
uzel.

Tut - toil pra - to d'un tap-pe-to s'è smal - ta - to, al Si-
Field and moun-tain clothe themselves in verdure ten - der. All hearts

p

)re s'al - za l'inno da ogni co - -rel
der Hymns to God, of Love the foun - tain!
itz.

con anima. *poco rit.*

Tu sei bel - la, o stagion prima - ve -
Thou art fair-est, Oh immor - tal Springtime,

col canto.

cresc. assai.

affrett. *rall.* *a tempo.*

ri - le! Rin-no - vel - la fio - ri e a - mor il dol-ce a-pri - le!
air-est! All the flow'rs and love, bright May, to earth thou bear - est!

a tempo.

sve - gliod'o-gni fio - re!
blossoms all a - wak - en!

Tut-to è pal-pi - to
All things by love's sa -
ril.

o stagion prima -ve - ri - le; rin-no-vcl-la fio
Oh! immor-tal Springtime fair-est, All the flow'rs and lov

cresc. assai ed affrett.   *f ril.*

affrettando assai.   *poco rall.*

mor!_____ il pian-to è pal - pi - to d'a - mo -
charm_____ by love's sa - cred charm, are tak -

leno.

re!
en!

Quale in-can-to nel ri -
What a gladness As the

le!
est!

riu-no-vel - la fiori e a - mo - ri._
All the flow'rs and love thou bear-est_

leno.

p dolce.

pp

Lentamente.

sveglio d'ogni fio - re!
blossoms all a wak - en.

Quale in-can-
What a glad-

fiori e a - mor!
Flow'rs and love!

sempre dim. e rall.

Tut-to ta -
All is sound-

86

Scena III.
Scene III. **David, Beppe, Federico, Hanezò** (e i precedenti.)
(and the same.)

(Si ode il rumore di un barroccino che arriva.)
(The jingling of bells, cracks of a whip, and the rumbling of a vehicle coming at full speed are hea

Allegretto spigliato.

Fritz.

Oh! chi è che
Ah! who are

giun-ge?
com-ing?
poco più sentito.

O Su-zel, guarda!
Hark, hark a minute!

O-doi so-na-gli.
I hear the bells ring.—

10139

uzel. *(guardando a sinistra.)* *(looking at the left.)*

È un bi - roc -
It is a

staccatissimo.

- no,   I vostri a - mi - co.
- on: Your friends are in it.

Bep - pe   e il   rab -
Bep - pe   and   the

cresc. ed un poco affrett.

no.
bi.   **Fritz.** *(che è corso a vedere.)* *(who has run to look.)*

E Fe - de - ri - co.
And Fe - de - ri - co.

Visto il bel ciel, ven-go-no qui.
The day is clear, So they ap-pear!

a tempo.

giù.
here!

In-contro an - diamo.
Come! Let us meet them!

cresc. sempre.

cresc. molto ed incalz.   cresc. sempre ed incalz. ff

o David, while assisting him to divest himself of cloak and hat, and giving him a seat.)

mpo.

Bene ar - ri - va - ti!
We greet you glad - ly!

mpo.

Il sol-vi at-tras - se?
Fine weather brought you!

pp   *p*

ppe.

Tu ei hai scor - da - ti: ti ri - pe - schia-mo!
For - got - ten sad - ly, we would re - mind you!

pp

itz

Si sto be - no - ne.
Ah! you have said it!

id.

nella fattoria.)
the farm house.)

Nel - le mie ter - re
Will you come with me

fac-ciamo un gi - ro!
and see my farming?

Beppe.
Sì, sì!
Yes, yes!
Federico.

Fritz. (a David.)
(to David.)
Dei no-stri tu pur non sei?
Of our par - ty wilt thou be?

'id.

Io, no!
Not I!.

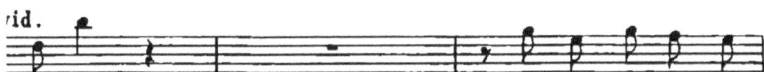

da - rei di-stur-bo e
Of course it would be

p

Fritz.

An - dia - mo
Let us be

- ia,
a - ing!

mi seu - to stanco.
But I am wea - ry.

p

no - i!
go - ing!

Sa - lu - te a
We leave you

Vi at-ten - de - rò!
I'll wait you here!

animando e cresc.

cresc. sempre.

Da - vid.　　　An - diam, an - diam!
Da - vid.　　　Come on, come　on!

Sin che tor - nia -
Here will I　rest

(Tutti escono, meno David.)
(Exeunt all but David.)

ri - po - se - rò!
while you are gone!

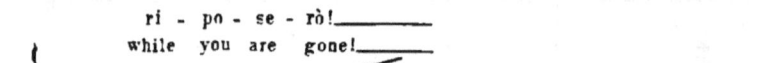

sciolte.

f cresc. mollissimo ed incalzando.　　　ff

a tempo con molta vita.

f

f
cresc. sempre.
fff
con molto anima.
incalzando.
fff
fff
sempre ff
comincinando a decresc. e dimin.
rall.

94

David. (siede, cava la tabacchiera e annusa.)
(sits, opens his snuff-box, and takes a pinch of snuff.)

Andante moderato.

Ve - dia-mo un   pò!
We soon shall   see!

L'a-mi-co   in volto è   co - lo - ri-to   e d'u-mor ga - io.
Me seemeth our good friend's face is glow-ing, His humor gleameth

Non ci fa sa - per   nul - la.
My sus-pic-ions a - wak-en!

e sor - ri - den-do   e - lo-gia la fan-ciul
Am I mis - tak-en? He sang the maid-en's prais

10139

Scena IV.
Scene IV. David & Suzel.

Andante sostenuto.

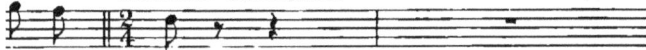

no - sce - rò.
se - cret's known.

pp legatissimo.

(g David.) **Recit.**

Ah!   siete an-co-ra   qui?
Ah!   still I find you   here?

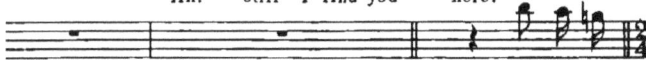

Recit.

Sì, mi ri -
Yes, I am

Vo a pren-dere un bic - chie-re.
I'll go and fetch a beak-er.

Dammene un sor - so.
Give me a swal - low!

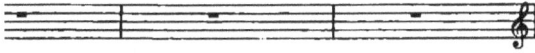

un poco accel.

cresc. assai.

Suzel. Recit.

A
I
Recit.

p subito.

un poco rall.

mpo.

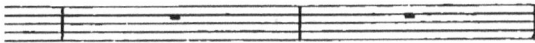

f
marcate.

Ec - co - ne an-
Will you have
(ver bevuto.)   **Recit.**
'rinking.)

È pu - ris - si - ma_e fre - sca.
It is pure and re - freshing!

Recit.

ll.

sostenuto.

co - ra.
more, Sir?

Per o - ra no.   fam-mi ri - pren
I thank you, no.   Let me re - pose.

a tempo.

f

fia - to!   Ra - gaz - z
daugh - ter!   Pray tell m

sostenuto assai.   **Recit.**

Recit.

Suzel.   (impacciata.)
(Embarras'sed.)   **Largo.**

In ve - ri - tà, si - gnor.
Sir, I am sure,— I fear.   *con un poc*

f

tu non sai ciò che pen - sa - vo?   Pres - so l
Dost thou know what I was thinking?   Here, by t

Largo.

Recit.

Ma che vo - le - te dir?
What was your mean - ing then?

Non sai la
Know'st thou the

Recit.

p allarg. assai.

sostenuto.

Sì, la leg-go o-gni se - ra al pa - dre mi - o.
Yes! I read in it dai - ly to my father.

a piacere

Bib-bia?
Bi - ble?

Ri - dim - r
Re - late

allarg. assai.

col canto

con moto agitato. f 3 p Recit.

Si - gnor mìò, non po - trò.
Rab - bi, no! I could not!

con forza.

pò la storia di Re - bec-ca! Che! ti ver-gó -
me the story of Re - be-kah! What! Art thou bash-

con moto agitato.

Ho sog-ge-zio - ne.
It is my fail - ing.

Via, fat - ti co - rag - gio!
There! Pluck up thy cour - age!

Andante religioso.

Suzel. (Dapprima, Suzel recita cogli occhi bassi e tutta vergognosa, poi
At first, Suzel recites with eyes cast down, and with extreme bashfulness; but

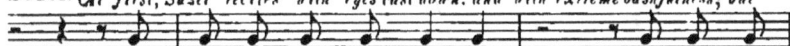

"Fa - cea - si vec - chio Abra-mo, ed il Si -
"Now A - bra - ham was a - ged, And God Al -

legatissimo.

mincia, a poco a poco, ad animarsi: la prima parte
gradually she begins to grow animated; the first part

o - re lo a - ve - va be - ne - det - to."
ght - y had blest him more than oth - ers."

pp

dirsi quasi parlata.)
be as it were spoken.)

Ei dis - se un gior - no al suo più vec - chio ser - vo:
He said one day un - to his most trust - ed servant:

co cresc. *calando.*

r-ti, va nel - la na - tal, mia ter - ra, ed u - na spo - sa scce - gli
- li - a - zur, seek the coun - try where I was born, and choose thee there a

rall.
ad I - sac - co mi - - o,
wife for I - saac, my dear Son"
David.
un poco affr
"Che tra
"For 'mid t
sf
leggerte sf
fi - glie di Ca - na - han, don - na per
daugh - ters of Ca - naan, Wor - thy of
Suzel.
a tempo.
"Ed in Me - so - po - ta - mia, il vecch
"And to Me - so - po - ta - mia The a - g
rall.
lui non v'ha.
him is none.
rall.
a tempo.
p

r - vo fe - de - le, se n'an - dò; ma giun - to ai poz - zi nei
t - wor-thy servant Bent his way; But when he reached the foun - tain

più f

oco affrett.   *con più anima.*

s - si di Na - chor:
d by Na - hor's house:

David.

Pro - prio co - sì!
Thou'rt do - ing well!

più f

oco affrett.

sempre più animato.

"Si - gnor, ci dis - se, *Opp.* fa che la don - zel - la
"Oh Lord," thus prayed he, "Let it be thy pleas - ure

f sempre più animato.

rit.

a cui pri - ma di - rò: por - gi - mi l'an - fo - ra
that the maid I ask first: 'Give me to slake my thirst;'

Sostenuto molto.

e che di - ram - mi: be - vi,___
who fills her pitch - er for me,___

sac - co.
I - saac.

David.

E
An

Bra - va!
Bra - vo!

ritornando in tempo.

so che com - par - ve Re - bec - ca.
fell. From the house came Re - bek - ah.

Suzel.

E il vec - chio ser - vo dis - se:
Then spake the a - ged ser - vant:

cresc. sempre a poco a poco sempre

f a tempo sostenuto.

Oh fa ch'io be - va un sor - so_ di quell' ac-qua, per fa -
Oh, let me taste this cool wa - ter From thy fountain, I be -

'ring. cresc. molto.

a tempo sostenuto.

vo - re!"__ Ed es-sa a lu - i:
seech __ thee."__ And she in an - swer:

Sostenuto assai.

gò — ver - so quel vec - chio.—
man she held the pitch - er.—

David.

E spo - sa fu
Thus I - saac won

Sostenuto assai.

ff

sempre ff

rit.

ca!—
ah!—

a tempo.

calando subito rall. e dim molto.

perdendosi.

David.

Lo stesso tempo. *ben marcato.*

o - ra, Su - zel, sen te di - ces - si,— che po
now, dear Su - zel, Were I to teach thee— who has

p

- qua: So - no un mes - so del cie - lo; il mio Si -
- ter: "I'm a her - ald from heav - en; my wor - thy

- re, che ha do - vi - zia di ca - se e cam - pi e ar -
- ter, the pos - ses - sor of hous - es, and fields,__ and

affrett.

affrett.

p a tempo.

- ti, non at - ten - de che te,__ che mi di - re - sti?__
- tle, wishes thee as his bride; What were thine an - swer?"

pp stentando.

poco rit.

Che dir potrei? Non su__ Giam - mai pen - sier__
I can - not tell. I feel__ I nev - er thought__ , __ rall.

a tempo.
con energia.

f r

ver?   E   se,   co-me E - lea - za - ro,   ti   di - ces - si: "Ch
fide! Then if,   when I   had brought thee, thou should'st ask me: "Wh

mf   *ril.*

largamente solenne.   *con un pò di concitazione.*
                                     a piacere.

vie - ne a noi dai cam - pi?   Rispondere - sti   tu   co - me R
man____ is this that com - eth?"   At my reply, wouldst thou, like that R

largamente solenne.

p *rall.*

Suzel.
(nascondendosi il viso
nel grembialino.)
(hiding her face in
her apron.)

(fugge ne'
fattoria.)
(runs into
farmhou

Ahi - mè!   Mio Dio!
Ah me!   great heav'ns!

Fritz. (di dentro.)
(within.)

David.

O Beppe, qua!
O Beppe, here!

bec-ca, nas-con-den-do-ti il vi - so?
bek-ah, hide thy coun-te-nance from me?

David & Fritz.   Fritz.

Recit.

Ma la campagna a te non viene a
But is the country not dull to thee,and

Fritz.

No! qui Suzel con garbo m'intrattie-
No! for Suzel's bright chatter enter - tains

p legato.

David.   *Meno.*

Suzel, di - fat - ti, ha qui con me par - la - to.
Suzel, well spo-ken! With her I have been talk-ing.

a tempo.

Ma - ri-to a lei! Ti
What! not for her! How

tro-ve - rà pre - sto ma - ri - to.
I shall soon find her a hus - band.

p *sostenuto.*

è u - na bam - bi - na!
She; a mere child yet!

Ho il gio - vi -
I know a

p sostenuto.

(scaldandosi.)
(*growing angry.*)

Es - sa ri - fiu - te - rà.
She'll not give her con - sent!

che ci vuol per le - i.
be the hus-band for her.

Non ci pen -
Be not so

112

con forza.　a tempo.

Dell'an - ti-ca ma - nia non sei gua - ri - to?
Of thy　old　mania,　art thou not yet　bro - ken?

sa - re!
cer-tain.　a tempo

E
'Twi

len.

mai ne gua - ri - rò.
ev - er be my bent!

Parlo a suo pa - dr
Just tell her fa - the

f marcato.

(scattando.)
(furious

Fritz.

Oh,
Oh,

e le noz - ze, ve - drai, si fa - ran pre - sto.
And the mar - riage, thou'lt see will quick-ly fol - low!

sostenendo.

10139

La - sciami in pa - - ce!
Leave me in qui - - et!

Ma non mi spa - ven - ti___ col - le tue gri - da: non mi fai pa
Yet, thou'lt not dis - turb me, talk thou ne'er so gruff - ly! thou canst nev - er

u - ra!
daunt me!

incalzando.

mosso.

(David esce.)
(David exit.)

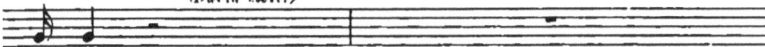

- vo - lo!
- ti - nence!

senza staccare.

m. s.

m. s.

npre ed incalzando.

cominciando a dim. e rall.

re ff

tz.   *p*

un poco sosten.

Qua - le   stra - no   tur - ba - men - to   im - prov-
What   a   sud - den   per - tur - ba - tion, Strange-ly

116

vi - so or m'as - sa - le ____ da qual nuo - vo sen - ti -
seiz - es all my be - ing! ____ What a new and keen sen -

dolce.

ta - to jo sen - to il cor! ____ E l'a - mor
heart with - in my breast? ____ Can the love

dolce.

ri - so, che si ven - di - ca e m'in - ve -
rid - ed In re - venge at - tempt to snare

ri - de - re sul vi - so al - la vit - ti - ma d'a
laugh as late - ly I did, At the slave by love op

10139

son sal - vo! Il rab - bin m'a-per - se gli oc-chi ___
I'm res-cued! Da - vid now my eyes has o - pen'd:___

Vo' fug - gir: Su - zel qua non mi trat -
I'll e - scape! Su - zel here no more shall

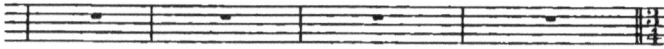

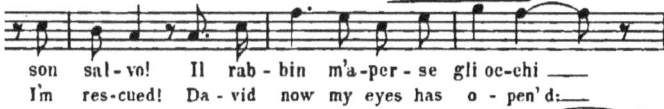

Scena VII. Fritz, poi Beppe, Hanezò e Federico.
Scene VII. Fritz, then Beppe, Hanezò and Federico.

ne.
me.

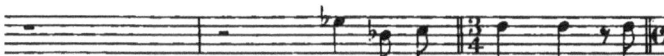

Fritz, noi par - tia - mo, ad-
Fritz, we must start now! Fare-

Con voi ri-torno an - ch'i - o
With you I too de - part now!

Hanezò.

di - o!
well!

Co -
Tell

Federico.

Sì, voglio tor-nar vi - a.
Yes, I will join your par - ty!

Co -
And

vie-ni in città?
back to the town?

cresc.

Mi ha te -
I'm dis - g

pre - sto; per - chè?
soon! Tell us why?

10139

to   la   cam - pa - gna.
ed   with   the   coun - try.

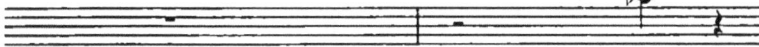

Hanezò.

Ma,
But,

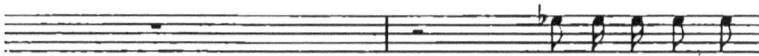

Re-sta,nl-la fat - to
He's in the house still

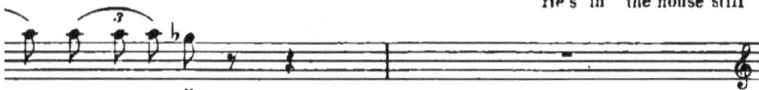

rab - bi - no do - v'è?
- vid, where is he gone?

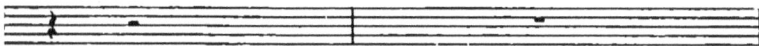

g.

Ma   qui si per-de tem - po.
Thus   precious time is wast - ing.

Oh!   po - ve - ra mia   Su - zel!

Oh!   my poor lit - tle Su - zel!

Largo.

Allegretto riten.

già

on!

Federico.

Che più s'a - spetta?

We can't wait longer!

Allegretto riten.

p

Fritz.   **Più mosso.**

Lesti,   in   cit - tà!

Let us   back to town!

(David e Suzel.)
(*David and Suzel.*)

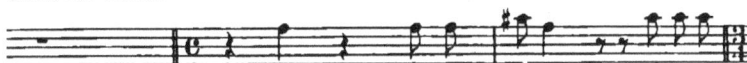

Son i so - nagli del baroc-
Hark! bells are ringing, The wagon's

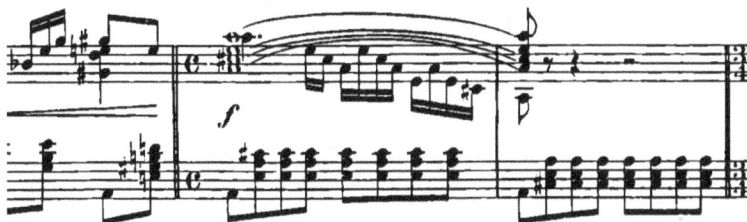

no. E Fritz do - v'è?
ing. And where is Fritz?

Signor rab-
Oh Rabbi!

Sta a ve - de - re che ha preso il vo - lo?
What's the rea - son That he has left us?

bi - no!
Rab - bi!

(con un grido.)
(with a cry.)

È lu - i!
It is Fritz!

(additando il legno.)
(pointing to the wagon.)

Non ve - di là?
Dost thou not see?

(da sè.)
(aside.)

Oh il vil! il di - ser - tor!
Oh treason! Desert - er sly!

Andante sostenuto.

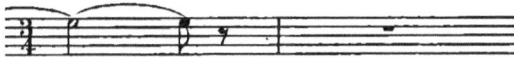

mè!_____
las!_____

pp *staccato.*

pp

Pian - gi? per - chè? per-chè?
Weep - ing? Oh, tell me why?

124

gli è! — par-ti-to e gli è! —
gone! — he is de - part - ed!

David.
(da sè.)
(aside.)
Son la - grime d
The tears of love a

mor. —
they. —

Coro.
SOPRANI e CONTRALTI.
(dall'interno.)
(within.)

L'a - mo - re, che lon - ta - no se ne va, — mai più ri - tor-
The fleet - ing love that wan-ders far a - way — Re-turns no more

rall.

Mai più ri - tor - ne - rà, mai
Re - turns no more for ayel re -

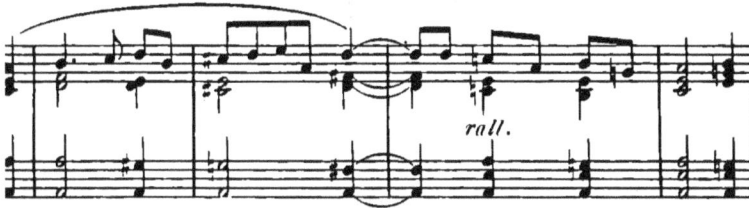

rall.

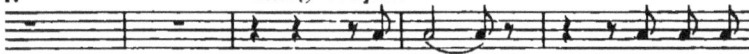

I.

allarg. sempre.

Mai più ___ Non tor - ne -
Re - turns ___ no more for

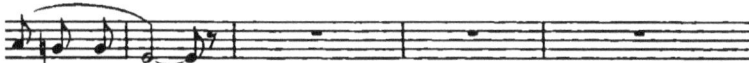

ri - tor - ne - rà! ___
no more for ayel! ___

p *allarg. sempre.* *pp*

(scoppia in pianto.)
(*bursts into tears.*)

INTERMEZZO.

Andante con moto.

f | *pesante.*

cresc. ed animando.

rit.

calando subito.

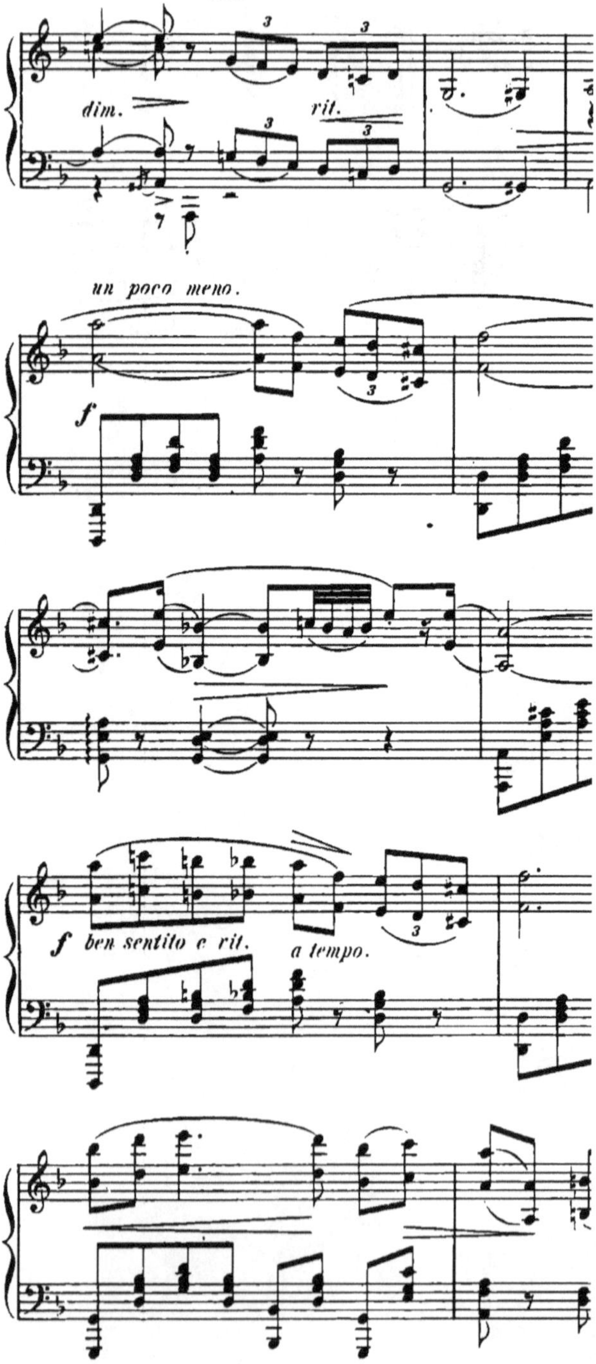
dim.
rit.
un poco meno.
f
f
ben sentito e rit.
a tempo.

rall.
a tempo.
rit.
precip.
a tempo.
con abbandono.
a tempo.
pp
rit.
precip.
a tempo.

poco rall.
m. s.
m. s.
f
ff molto animando.
ff rit. assai.
precip.
ben sosten.
ff a tempo.
rit.
ff

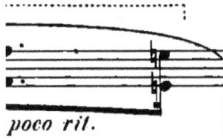

poco rit.

132

Act III.

La stessa scena del primo atto.
The same decoration as in Act I. The table is not set.

Scena I.
Scene I. **Fritz Solo.**

Allegro ritenuto, un poco agitato.

Piano.

mf

mf

Fritz. *f*

Tut - to ho ten - ta - to, tut - to! _____ e sem-pr
How fail - ure taunts me! taunts me! _____ Vain my

più f

rit. e sostenuto.
con dolore.

va - no, _____ L'ho la-scia - ta lag - giù sen - za un ad -
sist - ance, _____ There with-out a fare - well Rude - ly I

p

p

rit. e sostenuto.

p

cresc. e ravvivando.

di - o: _____ ma l'im - ma - gi - ne su - a, pur da lon -
left her, _____ But her im - age still haunts me. Far in the

ta-no, m'ap-pa-re   me-sta   e   mi richiama_a   se.
distance,ah! sad and wist-ful,And calls me back to her!

SOPRANI.

CONTRALTI.

TENORI.

In-trec-cia-te ghir-
Weave ye beauti-ful

BASSI.

Gio - va-ni‿un
Lads,take   a

fior.   met - te - te-vi̱ al - l'o̱e -   chiel - lo! _____ La bion - da
flow'r, And wear it   in Love's   hon - or; _____ The mill - er's

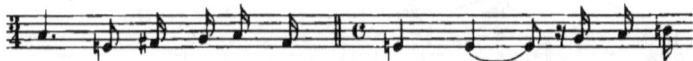

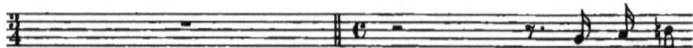

La bion - da
The mill - er's

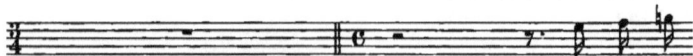

poco rit.

na - ra ____ è an - da - ta   spo - sa sta - ma - ne col suo
daugh - ter ____ This morn is   wed - ded To him who - fair - ly

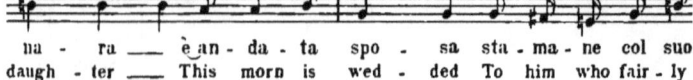

poco rit.

na - ra ____ è an - da - ta   spo - sa sta - ma - ne col suo
daugh - ter ____ This morn is   wed - ded To him who fair - ly

mf   *cresc.*

E   da   per   tut-to_a   -   mor!   sempre_il de - sti - no   mi   per - se - gui -

Love! Where art thou not   found!   For - ev - er   o'er me hangs my des - ti -

Si spo - sa a Fran - ges! ___
At Fran - ges, nup - tials! ___

m.s. *mf*

mf

p

A Mesnil si bat -
At Mesnil, children

rall. assai. *rall. e calando.*

vec - chi, bianchi ed al - le-gri, fan le noz - ze
old folks,white-hair'd and joy-ous,Hold their golden

SOP.

CONT.

TEN.

BASSI.

Coro Interno.

rall. assai. *rall. e calando.*

p

Gio - va - ni_un
Lads, take a

de, _____ o gio - vi - net - te!
lands, _____ O youth - ful maid - ens! _____

met - te - te - vi_al - l'oc - chiel - lo! _____ La bionda mo - li -
And wear it in Love's hon - or; _____ The miller's fair-hair'd

La bionda mo - li -
The miller's fair-hair'd

na - ra___ è an-da-ta spo - sa sta-n
daugh - ter___ This morn is wed - ded to h

na - ra___ è an-da-ta spo - sa sta-r
daugh - ter___ This morn is wed - ded to h

Andante. *molto sentito e largamento.*

Fritz.

Oh! que - sta pa - ce
Oh! how this qui - et

lo!___
her!___

lo!___
her!___

Andante.

mf

mf col canto.

rall. e calando.
co - re! Co-me tut - to mi can-ta: "A-mo - re! A - mo -
ri - ot! All the world seems to car - ol: "O Love! Love! O Love!
col canto.
npo I.
re!"
Love!"
rall. e dim.
Scena II. Fritz e Beppe.
Scene II. Fritz and Beppe.
Allegretto con brio.
m.s.
m.s.
Recit.
Buon giorno
Good morning,
Recit.

sostenuto.

Fritz! Ti vol - li sa - lu - ta - re —
Fritz! I came with joy to greet thee.

p sostenuto.

moderato.

chè tri - ste co - si? U - na vol - ta ve - ni - vi jn - con - t
what makes thee so sad? When I once used to meet thee Thou ha

Fritz.

Nul - la.
Nothing.

moderato.

p

con un bel sor - ri - so. Che c
ev - er smiles of wel - come! What h

dolce poco rall.

s'ha - i?
chang'd thee?

dim. e rall.

La tristez - za mi tor - tu - ra! — Pa - ce tro - var
I am o - ver - whelm'd with sad - ness! — Peace, I can ne

Po - vero a - mi - col_
Friend, I am sor - ry!_

Oh!_ lo co - nosco il ma - le che tu
O,_ how I know the grief thou art en -

rall.

fri, e l'ho pro - va - to an - ch'i - o, nè son gua - ri - to!_
ing, I, too, have felt it, For me, there is no cur - ing!_

col canto.

a tempo.

E scris-si u - na can - zon per con - so - lar - mi;_
And so I fashion'd a song for con - so - la - tion;_

a tempo.

p

m.s.

Non la co - no - sci tu? Vuoi che la can - ti?
Would it might bring re - lief! Wilt thou I sing it?

Andante molto sostenuto.

Beppe.

_pp_

ben sostenuto.

pal - - - li - da, che un gior - - - no mi
lil - - - y - pale, who long a - go

da - - - sti, in so - gno tor - na - mi!
leave me, Re - turn in dreams to me.

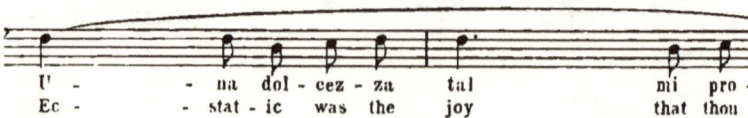

U' - - na dol - cez - za tal mi pro -
Ec - - stat - ic was the joy that thou

f *un poco animato.*

sti, che un - cor ne ho l'e - sta - si!
me, Still sweet it seems to me.

Più mosso. (♩= 69.)
ne - - - go - ti! Nul - la ti so
can de - ny? All things I grant
f
m.s.
gar, pal - li - da mi - a, t'ho da - to
thee, lil - y - pale maid - en, My soul is
m.s.
m.s.
m.s.
un poco rit.
l'a - - ni - ma. E. se un tuo ba - cio dà
whol - - ly thine! E'en should thy per - fum'd breath
p
col canto.
rit.
ff ten. a piacere.
lunga.
mor - te, si - a! Oh! vie - ni, vie - ni, ba -
death be la - den, Oh, come! and press thy lips
f rit.
f col canto.

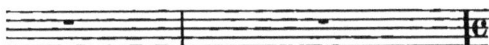

Andante sostenuto.
(Beppe esce.)
(Beppe exit.)
Scena III. (Fritz sola.)
Scene III. (Fritz alone
mi - co!
sor - ry!
pp
Sostenuto. (♩=66.)
Fritz.
Ed an-che Beppe a - mò! Anche al suo cor si appre -
So Bep-pe al - so loves! So grows his heart acqaint -
p
questa feb-bre fa - ta - le del - la vi - ta!
with the ter - ri - ble fe - ver of the pas - sions.
pp
cresc. ed allarg.
p rall.
Anch'ei si ac - ce - se del ma - le che de - li - zia e fa
He is tor - ment - ed with Life's chief ill, which tor - tures with keen
cresc. ed allarg.
rall.

rir! _____
ght! _____

O a -
O

sostenutissimo.

col canto.

Larghissimo e molto sostenuto.

mo - re, o bel - la lu - ce del co - re, fiammel-la e - ter-na,che il mondo ha in
Love,thou most glorious brightness su-per-nal,Thou flame e - ter-nal That makes di -

pp

cresc. *sostenuto.* *dim.*

sè, me - sta ca - rez - za, lie-to do - lo - re, la vi - ta è in
vine, Thou grievous glad-ness, ex-qui-site sad-ness, all life is

cresc.

dim.

Un poco meno.

te! _____ Blanda è la lu - ce che a not - te
thine! _____ Sweet is the light That at night is

Più sentito.

scen - de; ___ sfol - go - ra il - so - le pos - sen - te o -
blend - ed; ___ roy - al the sun with his fier - y

Più sentito.

gnor; pu - re il tuo rag - gio ___ su tut - ti
dart! But, Love, thou art more ___ di - vine - ly

animando. *rall.*

splen - de, lu - ce del cor! lu - ce del cor! ___
splen - did! Light of the heart! light of the heart! ___

pal - pi - to ge - ne - ra - tor!   Oh, can - ta, can - ta l'in - no di
beams, mighty father a - bove!   Oh, sing thy hymn of peace, pure and

cresc. assai.   *f*   *sostenuto col canto.*   *f*

poco affrett.   *rall.*

pa - ce: la vi - ta è a - mor! la vi - ta è a - mor! _____ Amor! a -
tender, For life is love! for life is love! _____ is love! is

Recit.

Scena IV.
Scene IV. **Fritz & David.**

David. (da sè.)
(*aside.*)

L'a - mi - co Fritz fan - ta - sti - ca d'a - mo - re! ____
Friend Fritz, be - hold! with dreams of love ro - man - cing! ____

sostenuto assai.

(avanzando
(*approachi*

Recit.

sostenuto assai.

pp

Fritz.

La - scia - mi sta - re!
Where - fore dis - turb me?

Eb - be - ne. co - me va?
Good morn - ing! how art thou?

Lo
I

Andante Moderato.

so, lo so ____ che non ti sen - ti be - ne. Di - ce la
know, I know ____ that now thou art not mer - ry: What saith the

Andante Moderato.

staccate.

- bia: —   „Al so - li - ta - rio,   gua - i!„ —.-
- ture: —   "Woe to the sol - i - ta - ry!"—

rall.

(con mistero.)
(*mysteriously.*)

Ho com - bi - na - to
All things are work - ing

mf

un poco marcato.   *mf*

Fritz.

to.   Io non in - ten - do.
ly.   What is thy mean - ing?

Allegro un poco agitato.

f

p Fritz.

Non mi sen - to be - - ne!
I   am feel - ing bad - - ly.

rall. e dim.

dante mosso.

bel gio - vi - not - to   al - legro e rie - co.
ome, rich young fel - low,   Of cheer-ful tem - per.

poco marcato.

Allegro rit. agitato.

Suo pa - dre og - gi ver - rà   pel tuo   con - sen - so.
To - day, her fa - ther will come   for thy   ap - prov - al.

ff

f

Allegro rit. agitato.

f

itz.

Ma—   Su - zel non sa nul - la?
What!   Su - zel knows a - bout it?

Allegro giusto. ($\bullet$ = 112.)

Ap - pro - va tut - to.
She hears it glad - ly.

Allegro giusto. ($\bullet$ = 112.)

p

Fritz.

con forza.

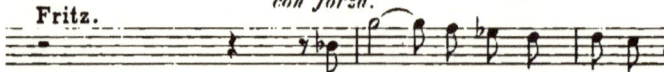

Io ne - go il mio con - sen - so.
I'll not — give my per - mis-sion!

(Fritz esce.)
(exit Fritz.)
Fa pu - re!
I doubt it!
f
ff
stent.
rg. con forza sringendo.
dim.
allarg.
id.
Scena V. David, poi Suzel.
Scene V. David, then Suzel.
Moderato.
(sorridendo.)
(smiling.)
Po - ve - ro
Un - hap - py
Moderato.
poco rall.
l'a-mo-re in te si de-sta, e u-na ve-ra tem - pe-sta s'a-gi-ta nel tuo
'Tis Love in Love's worst stages! 'Tis a tempest that rages Fiercely with-in thy
poco rall.

Suzel.

Si - gno - re, venni a por - ta - re
Yes, Rab - bi, I have brought down th

(chiamando.)
(calling.)

(entra Suzel.)
(enters.)

cor! Ca - te - ri - na! Sei tu, Su - zel?
heart Ca - te - ri - na! Is't thou Su - zel?

pp lentamente.

p

frut - tial mio pa - dro - ne.
fruit un - to the mas - ter.

Per - chè me - sta co - sì?
But why art thou so sad?

Andante appassiona

Andante appassiona

mf

p

ci - na mi - a? Ti vog - lio sempre ve - der lie - ta, sa - i?
lit - tle maiden? Thou oughtest ev - er to be joy - ous sure - ly!

sostenuto.

Che? ti spuntan le la - gri - me? Fa cuo - re! Quan-do ri - tor - ne -
Tears? what! are they so quick to flow? Take cour-age! when I re-turn a -

mf *col canto.*

rall. (esce.) **Scena VI.** (Suzel Sola.)
(exit.) *Scene VI.* (Suzel alone.)

p

sor - ri - de - ra - i!
Thou wilt be smil - ing.

col canto. *p* *p melanconico.*

con grande mestizia.
zel. *pp*

Non mi
On - ly

un poco rall. *dim. e rall.* *pp*

entamente doloroso.

re - sta che il pianto ed il do - lo - re _ Io non so - gno che ai pie - di suo-i ca-
tears and de - spair are now my portion;_ All my dream is be - fore his face to

con sentimento.　　　　　　　　　rall. assai.

der.　　dir-gli ___ che tut-to il co - re vi - ___ ve del suo
fall,　　Own-ing ___ with meek de-vo - tion　He ___ doth my life

con sentimento.

m.s.　　　　　　　　　pp col canto.

pp　　　　　　　poco cresc.

sier! ___　　　　Vor - rei　　dir - gli:　ma　tu　dei miei
thrall! ___　　　I　would　tell　him: "Oh　thou hast nev -

m.d.　　pp

cresc. sempre.

men - ti ___　　　non　com - pren - di　l'or - ri - bi - le
known me, ___　　Or　re - gard - ed　the pain with which

pp

m.s.

ben sentito.

(With anguished accent.)
f straziante.

| tir? ——— | Ah! — nel — tuo | cor, ——— | nel | tuo | cor | non |
| sigh! ——— | Ah! — If — thy | heart, — | if | thy | heart | dis - |

Andante con moto ed agitato.

Fritz.

Si - gnor!
Good   sir!

Su - zel!
Su - zel!

Andante con moto ed agitato.

mf

Fritz. **Recit.** (da sè.)
(aside.)
pp

Co - me s'è fat - tu pal - li - da!
Ah! it is sad! How pale she is!

Recit.

Suzel.

pp lentamente.

Io?   Nul - la.
I?   noth - ing.

(a Suzel.)
(to Suzel.)

che mi vuoi di - re?
What wouldst thou tell me?

E che mi
Then what did

tenuto.

venne, al - lo - ra, a rac - con - ta - re Da - vid? ___ che - ri
Da - vid mean when he came just now with tid - ings ___ That thou

azel.

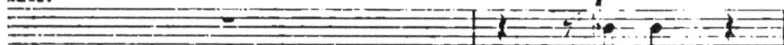

Ahi - mè!
A - las!

a fi - dan - za - ta ad un bel gio - vi - not - to?
rt to a young, hand - some lad to be mar - ried?

legatissimo.

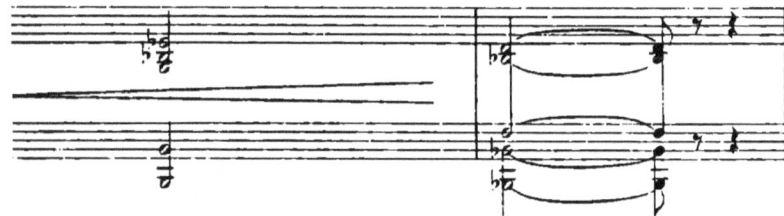

re - de - vo in - ver che tu ve - nis - si ___ a por - tar - mi l'in - vi - to per le
thought in - deed that thou wert come now Bringing us in - vi - ta - tions to thy

legatissimo.

Suzel.
f
rall.
Andante doloroso e molto soste
Ah! non lo di - te.
Ah! do not say so!
noz - ze.
wed - ding!
Andante doloroso e molto sosten
f
pp
pp
Per - chè pian - gi? For - se non
Thou art weep - ing? Dost thou not
Suzel.
con anima.
f
Il bab - bo co - sì
My fa - ther so com -
l'a - mi? E per - chè mai lo spo - si?
love him? If not, why dost thou take him?
p
mf
mf
secca.

ante con moto ed agitato.

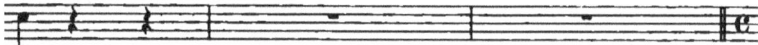

vuol.
mands!

Il bab-bo?
Thy fa - ther?

ante con moto ed agitato.

f

1.

lento.

p

No!
No!

Io non ho
My courage

con forza.   *deciso.*

Ma tu non l'a - mi?   ri - fiu - ta le   noz-ze.
Thou dost not love him? Then break the en - gagement!

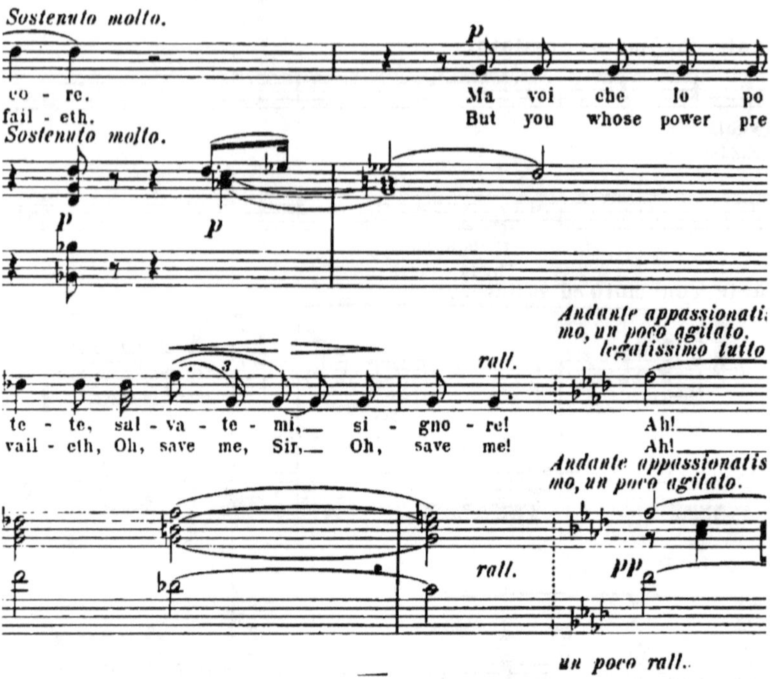
Sostenuto molto.
co - re.
fail - eth.
Ma voi che lo po
But you whose power pre
Sostenuto molto.
p
p
p
te - te, sal - va - te - mi, si - gno - re!
vail - eth, Oh, save me, Sir, Oh, save me!
Ah!
Ah!
rall.
Andante appassionatis
mo, un poco agitato.
legatissimo tutto
Andante appassionatis
mo, un poco agitato.
rall.
pp
un poco rall..

rall.   *a tempo.*

__ m'as - si - ste - rà il buon   Di - o!_____ Pel
__ Still God the Lord is   o'er me!"_____ My

a tempo.

col canto.

p   *rall. un poco.*   *cresc. ed animando.*

bab-bo, cer-to, è questa u - na gran pe - na;   Io   lo fa - rò sof-
father, tru - ly, would much re-gret to hear it;   Great care to him am

te - ua,— pre - fe - ri - sco mo - rir!_____ pre - fe - ri - sco i

spir - it,— I should far rath - er die!_____ I should far rath - e

m. s.

m. d.

rall. molto.

f

p · calando assai.

a tempo, un poco più mosso.

sempre a poco a poco.
con forza.

rir!__

die!__

Fritz.

cresc. ed animando.

Un al - tro? Ah

An - oth - er? Ah

Su - zel, tu n'a - mi un al - tro!

Su - zel, lov'st thou an - oth - er!

a tempo, un poco più mosso.

sempre a poco a poco.

pp

cresc. sempre

cresc. ed animando.

no!

no!

Con - fes - sa, dim - mi il no - me su - o qua

Con - fess it! Tell me the name of him thou dost

cresc. ed animando sempre.

Ahimè!____
A - las!____

l'è?
love!

Sa - per lo vo - glio! Ed io fa - rò ch'e-gli ti
I claim the se - cret! Him will I have seek thee in

cresc. ed animando sempre.

m. d.

m. s.

Più mosso.

incalzando.

No!
No!

Giam - mai, giam - mai si -
Oh nev - er, nev - er,

spo - si. Sì, dil - lo a me!____
marriage! Yes! I must know!____

Più mosso.

cresc. sempre ed incalzando.

gnor, pri - ma mo - rir!
Sir, soon - er I'd die!

Ah, no! vo - glio par-
Ah, no! Now I must

Te ne scon - giu - ro!
See! I en - treat thee!

Molto sostenuto.
p soffocat
tir! Oh Di -
go! Oh heav-
sostenuto ed rit.
f
Ma: s'io ti a-pris - si le mie braccia?
Nay! If I spread my arms to hold thee?
Molto sostenuto.
Andante sosten
E sog-no il mi - o?!
My dream is an - swer'd!
f ff appass.
Se ti di-ces-si t'a mo! Io t'a - mo.
If now my love I told thee? I love thee,
Andante sosten
ff
pp
mo o dol - ce mi - o te - sor. so - a-ve im - ma - gi - ne da
thee, dear-est pearl of my heart! Sweet-est jew - el of love thou

Oh
Oh

rall.

e   sol   di   te   vi - vro!_____
For   thee   a - lone I live._____

rall. con canto.

170

cresc. assai.   *f rit.*

gli oc - - chi vol - ger su di te: O vi - - vo
lift my eyes to look on thee: Oh bright - - est

dim.

rag-gio d'a - mor. oh. splen - di. splen - di per me! Il duolo, il
splen-dor of love, oh shine, oh shine, up-on me! My grief, my

rall. Meno.

pian - to e le mie pe - ne tut-to o - ra scor - de -
tears, my bit - ter tri - als, now I for - get them

Meno.

pp

10439

Larghissimo e sostenuto.

rò! ____
all! _____

pp dolcissimo.

O   Su - zel.
O   Su - zel,

a tempo.   *Larghissimo e sostenuto.*

pp m.d.3   *m.s.3*

· a,   giam - ma - i.   giam - ma - i   si a - mò   di
ling,   such   true love,   such   true love   was   nev - er

zel.   *p cresc. un poco.*

Io   t'a - mo
I   love__ thee

ta - mo tan - to; la vi - ta mia sei
love thee on - ly, thou art my life, my

tu.
own!

Fritz. *f con anima.*

O Su - zel,
O Su - zel,

f con anima.

cresc. assai ed anima.

m.d.   m.s.

Io t'a - mo!
I love thee!

mi - a. giam - mai si a - mò di
dar - ling, such love was nev - er

m.d.

con abbandono. *rall.*

- mo   tan-to,   la   vi - ta   mia   sei
thee   on - ly,   thou   art   my   life,   my

lo
I

rag-gio d'a-mor,   oh,   splen di,   splen-di pèr me! Io   t'a - mo
plen-dor of love,   oh   shine,   oh   shine up-on me! I   love thee

ve - a mio ben,   di   te   vi - ve - a mio ben!   E
lone do I live,   For   thee   a - lone do I live!   Thou

vre. *Oppᵣ* *rall.*

Oh, par - la, par - la! im - pa - ra - di - sa il cor! Io t'a -
Oh speak, oh speak!__ Such joy thy words im - part! I love

string. ed incalz. sempre.   *ff affrettando assai.*

Last Scene: **David, Beppe, Federico, Hanezò and Caterina.**

David. *(appearing on the threshold of the terrace, followed by the others.)*

ro moderato.

ci.   ho vin - to,   ho   vin - to!
riends, I con-quer,   I   con - quer,

ro moderato.

ff

z.

O buon Rab - bi - no, vin - se la -
O wor - thy Rab - bi, Love wins the

p

nte sostenuto.

La vi-gna è
Thine   is   the

nte sostenuto.

it.

Che di - ci?
rd!   What sayst thou?
rid.

La vi-gua è di Su-zel!   E non si strinse pat-to fra -
The vineyard shall be Su-zel's!   Now was there not a compact be -
it.

Andante.
no - i che ne sa-rei pa - dro - ne? E sia data al - la tua spo-sa
tween us? To me belongs the vine-yard! So un - to thy bride I give it!
Andante.
p
Beppe.
Tempo I.
Bra - vo, Rab - bi - no,
Bra - vo, good Rab - bi!
Caterina.
Bra - vo, Rab - bi - no,
Bra - vo, good Rab - bi!
rall.
vi - gna di Clair - fontaine!
vine - yard of Clair - fon - taine!
Tempo I.
rall.
f
bra - vo!
bra - vo!
bra - vo!
bra - vo!
rall. e dim. assai.

E noi che mai fa -
And what's to be our

David.

Per voi ci pen-se-
We'll soon for you find

re-mo!   Sea - ve - te   in petto il   co - re, lon - ta - na, non
partners!   If your hearts   are beat-ing   rightly, The morn of love

Sostenuto come la *Romanze.*

Fritz.

O a   mo - re, o bel - la lu - ce
Oh   Love,   thou most glorious brightnes

rà l'al - ba d'a - mo - re!
soon dawn on you bright - ly!

Sostenuto come la *Romanze.*

m.d.

p

co - re, fiam-mel-la e - ter - na che il   mon - do ha in   se: me - sta c
per - nal, Thou flame e - ter - nal, The world's   thy   fee: Thou grievo

Grandioso.

mo - re, amore, amor!   O   lu - ce del   cor,   me - sti
Love,—light of the heart!   Oh,   light of the   heart;   Thou gri

co - re   fiam - mella e - ter - na che jl mon-do ha in   se,   me - sta
per - nal,   Thou flame e - ter - nal, The world's thy   fee;   Thou gri

mo -   - re,   O   a - - mo - re bel -
bright - - ness,   glo - rious   bright - ness, ra - (

mo - re, amore, amor!   O   lu - ce del   cor,   me - sta
Love,—light of the heart!   Oh,   light of the   heart;   Thou gri

co - re,   fiam - mella e - ter - na che jl mon-do ha in   te,   a -
per - nal,   Thou flame e - ter - nal, The world's thy   fee;   Oh

co - re,   fiam - mella e - ter - na che jl mon-do ha in   te,   O   a -
per - nal,   Thou flame e - ter - nal, The world's thy   fee;   Glo - rious

mo - re!   O   bel - la   lu - ce del
bright-ness,   Oh   Love,   thou   light of the

lie-to do - lo - re, la vi - ta è in te. la vi - ta è in
Exquisite sadness, All life is thine, All life is

lie-to do - lo - re, la vi - ta è in te. la vi - ta è in
Exquisite · sadness, All life is thine, All life is

thine!   Love,   Oh   Love!_____

ff *a·rall.*

te!   0   a -   mor!_____
thine!   Love,   Oh   Love!_____

www.ingramcontent.com/pod-product-compliance
Lightning Source LLC
Chambersburg PA
CBHW020534270326
41927CB00006B/568